HISTOIRE
DE LA
CONCESSION FRANÇAISE
DE CHANG-HAI
CHINE,

PAR

A.-A. FAUVEL
ANCIEN OFFICIER DES DOUANES CHINOISES

EXTRAIT DU *CORRESPONDANT*

PARIS
L. DE SOYE ET FILS, IMPRIMEURS
18, RUE DES FOSSÉS-SAINT-JACQUES, 18

1899

LE

CORRESPONDANT

RELIGION — PHILOSOPHIE — POLITIQUE
HISTOIRE — SCIENCES — ÉCONOMIE SOCIALE
BEAUX-ARTS — LITTÉRATURE — VOYAGES

SOIXANTE-DIXIÈME ANNÉE

PARAIT LE 10 ET LE 25 DE CHAQUE MOIS

PARIS, DÉPARTEMENTS & ÉTRANGER :

UN AN : 35 FR. — SIX MOIS : 18 FR. — UN NUMÉRO : 2 FR. 50

ADMINISTRATION ET RÉDACTION

PARIS. — 14, RUE DE L'ABBAYE, 14

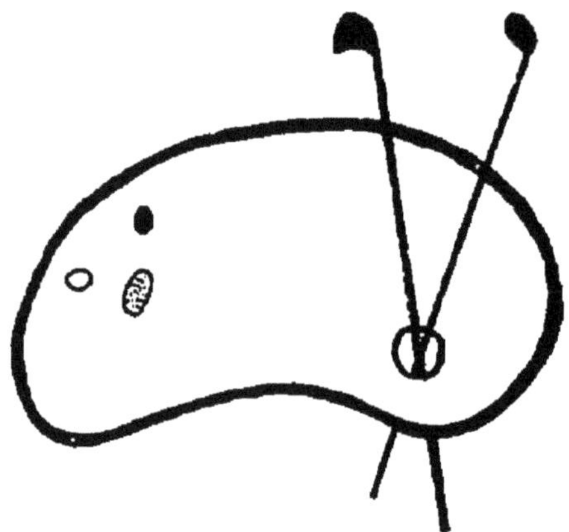

FIN D'UNE SERIE DE DOCUMENTS
EN COULEUR

HISTOIRE

DE LA

CONCESSION FRANCAISE

DE CHANG-HAÏ

(CHINE)

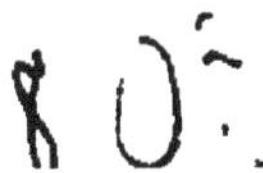

HISTOIRE

DE LA

CONCESSION FRANÇAISE

DE CHANG-HAÏ

(CHINE)

PAR

A.-A. FAUVEL

ANCIEN OFFICIER DES DOUANES CHINOISES

EXTRAIT DU *CORRESPONDANT*

PARIS

L. DE SOYE ET FILS, IMPRIMEURS

18, RUE DES FOSSÉS-SAINT-JACQUES, 18

1899

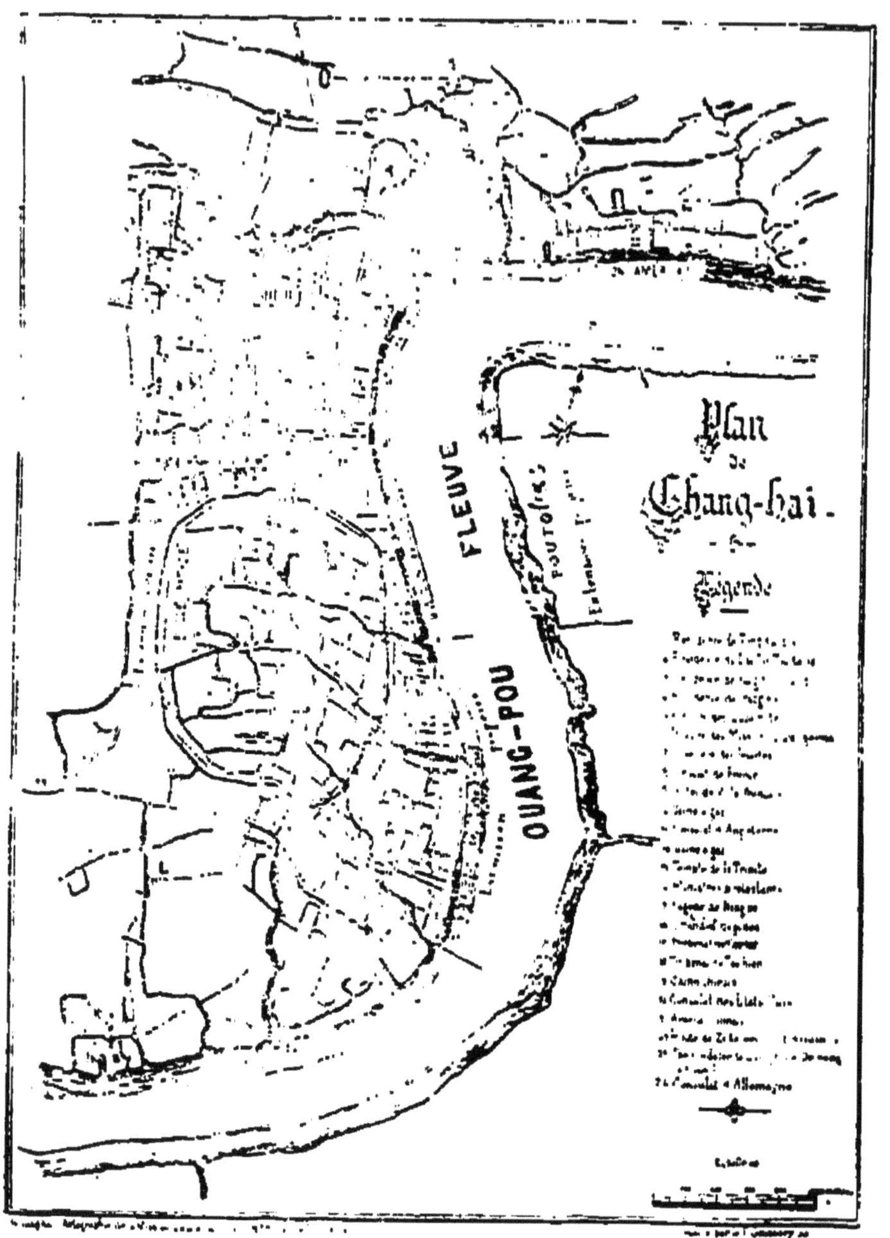
Plan
de
Chang-hai
Légende
FLEUVE
OUANG-POU

LA CONCESSION FRANÇAISE

DE CHANG-HAÏ

I

Les difficultés encore pendantes, entre le Consul général de France à Chang-haï[1] et le gouvernement du Céleste Empire, au sujet de nos demandes d'augmentation du territoire de la concession française dans ce port, nous ont suggéré l'idée qu'il serait intéressant de publier l'histoire, peu connue d'ailleurs, de notre établissement sur les bords du Houang-pou. L'attention étant actuellement attirée sur la Chine par les efforts de l'Italie en vue de s'assurer la possession d'une base navale dans la baie de *San-men*, non loin de Chang-haï, c'est le moment de montrer comment l'Angleterre, qui l'aide dans cette entreprise, a fait au contraire tous ses efforts pour empêcher le comte Servan de Bezaure, d'arriver à la réalisation de son projet patriotique, à savoir : la concession de nouveaux terrains nécessaires à l'agrandissement de l'étroite langue de terre, qui constitue aujourd'hui le terrain cédé à bail à la France par le gouvernement du Fils du Ciel en 1848. L'action anti-amicale de nos voisins de langue anglaise, pour employer une expression qu'ils ont eux-mêmes inventée sous le vocable de *the unfriendly act*, est d'autant plus remarquable qu'ils sont eux-mêmes en instance auprès des autorités jaunes pour obtenir le droit d'augmenter considérablement l'étendue des concessions du *model settlement*, ainsi qu'ils appellent peu modestement le territoire de la concession anglo-américaine. On comprendra l'action commune de l'Angleterre et des Etats-Unis quand on saura que leurs établissements sont gouvernés par un conseil

[1] On remarquera que nous écrivons tantôt Chang-haï, tantôt Shang-haï. Cette dernière forme est celle adoptée par les Anglais et dans certains documents français où nous la conservons quand nous les citons. Ils écrivent aussi *San-mun*, quelquefois *San-moon*; la prononciation française est *San-men*, c'est-à-dire les trois portes en chinois mandarin.

municipal commun. On se rendra compte également de la jalousie des résidents anglais et américains à l'endroit des Français de Chang-haï, si l'on se rappelle que ces derniers ont préféré garder leur indépendance et ont toujours refusé de se laisser absorber par leurs riches et puissants voisins. Le fait que la concession française est dirigée par un conseil municipal qui, s'il n'est pas entièrement français, est du moins composé des propriétaires les plus importants de cette concession, a toujours été une cause de critiques amères de la part des Anglo-Américains habitant au nord du Yang-king-pang, canal qui forme la séparation entre la France et l'Angleterre à Chang-haï. Pour éclairer complètement l'opinion sur cette intéressante question, nous profiterons des études que nous avons pu faire à Chang-haï même, pendant un séjour de près de trois années. Nous les compléterons au moyen des documents que nous a fournis notre excellent et savant ami M. Henri Cordier, auteur d'un grand nombre de travaux sur la Chine; mentionnons entre autres sa récente brochure : *les Origines de deux établissements français dans l'Extrême-Orient* (1896). Nous donnerons enfin les derniers renseignements en puisant presque jour par jour dans les journaux les mieux renseignés tels que le *Times*, le *London and China Telegraph* et surtout l'*Echo de Chine*, sans parler des correspondances de Chang-haï même, que des amis renseignés aux meilleures sources ont bien voulu nous communiquer. Ayant ainsi donné une fois pour toutes les bases de nos informations, nous n'aurons pas à fatiguer le lecteur par un renvoi continuel à des notes marginales que nous réserverons pour les cas exceptionnels.

Nos missionnaires étaient installés à Chang-haï et dans le voisinage à Zi-ka-weï, dès le commencement du dix-septième siècle (1608). Mais les commerçants anglais étaient arrivés avant les nôtres à Chang-haï même. A la suite du traité de Nankin, qui mit fin à la guerre de l'opium le 29 août 1841, son signataire, pour l'Angleterre, sir Henry Pottinger, avait fait choix d'un terrain pour y établir un *settlement* ou concession, sur les bords du Houang-pou, canal élargi en 1403, pour faire communiquer la rivière de Song-kiang avec le Yang-tse-kiang, dans lequel il débouche à Wou-soung, à 10 milles au nord de la ville chinoise de Chang-haï, située elle-même sur la rive gauche de ce canal[1]. La concession anglaise s'étendait de la crique de Yang-king-pang, au sud, à celle de Sou-

[1] La ville chinoise avait été prise par les troupes anglaises sous les ordres du lieutenant général sir Hugh Gough, le 19 juin 1842, trois jours après la prise de Wou-soung par la flotte commandée par le vice-amiral William Parker.

tcheou au nord. Elle était limitée à l'ouest par un fossé dit *defence creek*. Nos voisins étaient ainsi isolés de la ville chinoise par une langue de terre s'étendant sur une largeur de près d'un demi-kilomètre entre les murs et le Yang-king-pang. Un capitaine de l'armée de Madras, G. Balfour, vint s'installer sur la concession le 5 novembre 1843 et déclara le port ouvert au commerce à partir du 17 du même mois. Deux ans après, le 29 novembre 1845, il signait, avec le *Tao-taï* Kong, les premiers règlements concernant le territoire occupé. Ils furent complétés en septembre 1846 (le 26) et en novembre 1848 (le 27).

Le premier traité français avec l'Empire du Milieu avait été, entre temps, signé en rade de Whampoa, à l'entrée de la rivière de Canton, sur la corvette à vapeur l'*Archimède*, par notre envoyé extraordinaire et ministre plénipotentiaire, M. Théodose de Lagrené et Ki-ying, gouverneur général du Tche-li, délégué par l'empereur Tao Kouang, le 24 octobre 1844. Imitant les Anglais, nous introduisîmes dans cet instrument diplomatique une clause à laquelle les démarches de notre Consul général actuel à Chang-haï, en vue de l'agrandissement de notre concession dans ce port, ont donné une valeur telle qu'il importe de la citer *in extenso*.

« Article XXII. — Tout Français qui, conformément aux stipulations de l'article II, arrivera dans l'un des cinq ports[1], pourra, quelle que soit la durée de son séjour, y louer des maisons et des magasins pour déposer ses marchandises; *ou bien affermer des terrains* et y bâtir lui-même des maisons et des magasins. Les Français pourront de la même manière, établir des églises, des hôpitaux, des hospices, des écoles et des cimetières. Dans ce but l'autorité locale, après s'être concertée avec le consul, désignera les quartiers les plus convenables pour la résidence des Français et les endroits dans lesquels pourront avoir lieu les constructions précitées. Le prix des loyers et des fermages sera librement débattu entre les parties intéressées et réglé, autant que faire se pourra, conformément à la moyenne des prix locaux. Les autorités chinoises empêcheront leurs nationaux de surfaire ou d'exiger des prix exorbitants, et le consul, de son côté, veillera à ce que les Français n'usent pas de violence ou de contrainte pour forcer le consentement des propriétaires. Il est bien entendu, d'ailleurs, que le nombre des maisons et l'étendue des terrains à affecter aux Français dans les cinq ports ne seront point limités et qu'ils seront déterminés d'après les besoins et les convenances des ayants droit.

[1] Canton, Amoy, Fou-tcheou, Ning-po et Chang-haï, ouverts au commerce pour la première fois par le traité de Nankin.

Si des Chinois violaient ou détruisaient ces églises ou des cimetières français, les coupables seraient punis suivant toute la rigueur des lois du pays. »

Cet article a été introduit à nouveau sous le numéro x dans le traité de paix signé entre la Chine et la France à Tien-tsin, le 27 juin 1858, par le baron Gros et les plénipotentiaires chinois Koei-liang et Houa-cha-na. Il n'a pas été abrogé par le dernier traité de 1885, après la campagne de l'amiral Courbet. Il a donc toujours force de loi.

Par suite du traité de Whampoa, la Chine dut rendre aux missionnaires catholiques établis dans l'Empire les terrains qu'ils y avaient achetés et qui leur avaient été enlevés pendant les diverses persécutions. C'est ainsi que la mission du Kiang-nan, que les Pères Jésuites avaient établie dès 1608 dans la ville de Chang-haï, rentra en possession, en 1845, des terrains où s'était élevée l'église et, en dehors des murs, près de la porte sud, du cimetière où reposaient, à l'ombre d'une chapelle à la Vierge, dite *Cheng-mou Tang* (temple de la Sainte-Sépulture), les restes des premiers missionnaires : Brancati, Gabiani, Couplet, Le Favre et de Fereira, à côté de deux confrères chinois. Ils reprirent aussi possession de la sépulture du grand secrétaire Siu Kouang-ki, plus connu sous le nom de Siu Co-lao, du nom de sa charge, qui avait été ministre d'Etat pendant la période Wan-li (1562-1633) et s'était converti à la religion catholique, pour la diffusion de laquelle il écrivit un grand nombre d'ouvrages remarquables. C'est à côté de ce tombeau que s'éleva dans le village de Zi-ka-wei (résidence de la famille Siu) le grand établissement fondé en 1850 par les Pères Jésuites, et qui comporte aujourd'hui une résidence générale, une église, un séminaire, des écoles professionnelles pour l'orphelinat, un observatoire astronomique et météorologique, une imprimerie, un musée d'histoire naturelle et une bibliothèque très riche en livres chinois. A côté sont venus s'établir peu à peu un couvent de Carmélites françaises et un orphelinat pour les petites filles dirigé par les Dames auxiliatrices des âmes du purgatoire[1]. C'est ainsi que le village de Zi-ka-wei et celui tout proche de Tou-sé-wè forment une importante agglomération où domine l'influence française. Situés à 8 kilomètres de la concession française de Chang-haï, à laquelle ils sont rejoints par une route, tandis qu'une autre de 6 milles les fait communiquer avec la concession anglaise; ces deux villages bien

[1] Et non par les Dames de la Retraite, comme le dit par erreur M. Laroche dans son article sur les Races jaunes dans le *Correspondant* du 10 mars 1899.

qu'habités par plus de Français que lesdites concessions en sont entièrement indépendants, étant restés sous l'administration des autorités locales.

Revenons, maintenant, à l'histoire de la concession française proprement dite. Pour ne pas rester en arrière de nos voisins les Anglais et les Américains, le gouvernement français nomma un agent consulaire à Chang-haï. Ce fut un ancien militaire, M. L. de Montigny, venu en Chine comme chancelier de la mission de Lagrené, qui accepta ce poste délicat le 20 janvier 1847. En attendant son arrivée, les affaires de nos missionnaires avaient été administrées avec beaucoup de bonne volonté par le capitaine Balfour, le consul anglais, et aussi par l'agent consulaire danois M. Calder. M. de Montigny, né à Hambourg en 1805, était un militaire élevé dans les idées de l'époque, et, par suite, très peu religieux, comme il l'avoue ingénument dans une de ses lettres au ministre des affaires étrangères[1]. Cela ne l'empêcha pas de reconnaître, avec la franchise du soldat, que nos missionnaires avaient droit à une sérieuse protection dans l'intérêt même de la justice, de la dignité et de l'honneur national. « C'est, dit-il, l'intérêt de mon pays [que de les protéger]. Tôt ou tard, l'Occident interviendra sérieusement dans les affaires de Chine, et nos missionnaires y auront fait une large part à la France. Sous le point de vue commercial, les services de ces braves gens sont d'ailleurs déjà dignes de récompense. » Or il s'entendait mieux, évidemment, au commerce qu'aux affaires politiques ou religieuses, si l'on en juge par le *Manuel du négociant français en Chine ou Commerce de la Chine considéré au point de vue français*, qu'il avait publié à Paris dès 1846. Quoi qu'il en soit, il ressort de sa correspondance qu'il était en excellents termes avec l'administrateur du diocèse de Nankin, Mgr Maresca, qui lui céda, pour y bâtir le consulat de France, le terrain qu'il avait acquis dès le début de l'application du traité, en dehors de la ville de Chang-haï, sur ce qui devait être un peu plus tard la concession française. L'amiral Jurien de la Gravière, qui a bien connu notre premier agent consulaire à Chang-haï, en trace dans l'historique de la croisière de la *Bayonnaise*, un portrait des plus flatteurs[2], qu'il termine par cette phrase : « Il fit de ce nom (celui de la France), de celui de M. Forth-Rouen (notre chargé d'affaires à Canton), qu'il balançait sans cesse comme la foudre sur la tête du malheureux *Taou-taï*,

[1] Shang-haï, 5 mai 1849, citée par M. H. Cordier.

[2] *Voyage en Chine*, cité par M. H. Cordier. — Paris, 1864, 2e édition, t. Ier, p. 252.

un si bon et si judicieux usage, qu'au bout de quelques mois, ce consul, débarqué sur les quais de Chang-haï par un canot étranger, faisait trembler les autorités chinoises, exigeait pour la France la concession d'un terrain aussi vaste que celui qui avait été accordé à la communauté anglaise, et couvrait de son patronage redouté les missions catholiques dans les deux provinces du Kiang-nan et du Che-kiang. »

M. de Montigny était arrivé à Chang-haï en novembre 1847, sur un navire de commerce anglais. Dès le mois d'août de l'année suivante, nous le trouvons occupé à obtenir des autorités chinoises l'achat d'un terrain pour y établir une maison et des magasins pour le premier négociant français qui s'installa à Chang-haï. C'était M. D. Remi, qui épousa la fille de M. de Montigny et s'appela depuis Remi-Montigny. Il profita aussitôt de cette demande de M. Remi pour réclamer du Tao-taï (intendant de circuit) Sam-Koa, une concession de terrain pour la France. Dans sa dépêche au ministre (n° 19), datée de Chang-haï, le 20 août 1848, il dit : « J'ai moi-même choisi la position de ce terrain et l'ai désigné à l'endroit le plus convenable pour des affaires commerciales : placés plus près de la ville que les Anglais, et ayant devant leurs magasins soit (*sic*) une crique navigable aux jonques et à de grandes allèges, nos compatriotes, bien qu'arrivés les derniers à Shang-haï, seront donc bien pourvus et n'auront pas à se plaindre... Cette affaire ne paraît devoir élever aucune difficulté et, dans quelques jours, j'espère qu'il y aura deux propriétaires français dans le nord de la Chine, la maison Bac, Arnué et Cie m'ayant également témoigné le désir de se construire un établissement sur la concession française. » Il explique ensuite que, voulant éviter à tout prix les conflits qui s'étaient élevés entre les Chinois et les commerçants anglais lorsque ceux-ci cherchèrent à acheter les maisons chinoises situées sur les concessions de l'Angleterre, il ne pouvait souffrir que ses nationaux payassent une sapèque de plus que ne valait le terrain le 6 août, jour où il avait fait la demande officielle de concession. Ainsi que nous pouvons le voir par la volumineuse correspondance qu'il dut entretenir avec les mandarins, et dont la traduction nous est donnée par l'ouvrage de M. Cordier, notre bouillant consul dut attendre jusqu'au 20 mars 1849, soit six mois, au lieu de quelques jours.

Pour ce qui est du prix d'achat, il fallut le débattre longuement article par article avec le Tao-taï. Les propriétaires demandaient en effet des sommes extrêmement exagérées, de 100 pour 100 plus élevées que celles qui avaient été payées pour le terrain occupé par le consulat lui-même.

On demandait 50 taëls d'argent par cercueil à enlever des tombes situées sur le terrain, et on déclarait qu'il existait 100 de ces tombes alors qu'il n'y en avait pas 80, encore la plupart étaient-elles dégradées, ouvertes et vides. On voulait faire payer 200 taëls pour quelques arbres rabougris et sans nulle valeur, et 400 taëls pour deux misérables latrines formées de mauvaises planches et de morceaux de menu bois pourri. Le prix du *meou* [1] ou acre de terrain était porté à 300 taëls, tandis que pour le consulat on ne l'avait payé que 80,000 sapèques (soit environ 60 taëls). Les chambres (qui forment la base d'estimation d'une maison) étaient taxées à 100 taëls chacune, alors que pour 150 à 200 taëls on aurait pu bâtir toute une maison. En somme, l'appréciation totale du *Tche-hsien* (sous-préfet) pour le terrain demandé par M. Remi, qui contenait 12 *meous*, 46 chambres, 80 tombes, 2 latrines, et quelques arbres, s'élevait à 13,800 taëls, soit environ 110,400 francs. M. Remi, découragé, ne demandait plus en décembre 1848 que la moitié de ce terrain, qui se trouvait en bordure sur la crique du Yang-king-pang. Le consul consent, afin de terminer cette première et interminable affaire, à rabattre de son appréciation primitive et à payer le double des prix du pays. M. Remi diminue encore la mesure du terrain qu'il veut acheter et, le 8 janvier 1848, il est mis enfin en possession de la terre mesurant 2 *meous*, 3 *fens*, 8 *li* et 5 *hao* contre le payement de 685,500 sapèques ou 457 piastres (soit 2,742 francs), dont reçu lui est donné par le prétoire du Tao-taï en présence de M. Kleczkowski, interprète du consulat de France [2], et des deux officiers d'ordonnance (*Ouei-yuans*), de l'intendant de circuit, des mandarins Ou et Wei. On avait pris pour base les prix convenus et établis par le Tao-taï et le consul, savoir : 160,000 sapèques par *meou* de terrain (alors qu'il en valait 70,000 seulement le jour où fut faite la première demande officielle), 75,000 sapèques par chambre, 60,000 par toit (ou maison), 6,000 par arbre et 7,500 par bière ou pot à os des défunts. De plus, comme le terrain ne peut être complètement aliéné, l'acheteur devra payer chaque année au gouvernement chinois l'impôt des terres à raison de 1500 sapèques (juste 1 piastre) par *meou*, soit une somme totale de 3,578 sapèques de rente perpétuelle qui devra être acquittée le 15ᵉ jour de la 12ᵉ lune de chaque année et d'avance. « Comme preuve du contrat, les deux officiers d'ordonnance ont planté des marques de bois désignant les limites du

[1] Il faut environ 13 *meous* pour 1 hectare.

[2] Plus tard ministre de France à Pékin, puis professeur du premier cours de chinois établi au Collège de France à Paris, en 1872.

terrain acheté et délivré le présent reçu, le 14e jour de la 12e lune de la 28e année de Tao-Kouang (6 janvier 1849). »

Si nous nous sommes un peu étendus sur l'histoire de cette première transaction, c'est qu'elle servit de base à toutes celles qui suivirent, et en particulier à l'obtention d'une concession pour le gouvernement français. Elle montre aussi les usages et les mesures des Chinois à Chang-haï à cette époque. Cette petite opération n'exigea pas moins de 21 lettres écrites par l'interprète chancelier au nom de l'agent consulaire de France aux deux Tao-taïs qui se succédèrent à Chang-haï entre le 6 août 1848 et le 8 janvier 1849.

M. de Montigny était loin d'être au bout de ses peines, car il n'avait pas plus tôt lancé sa demande pour une concession, que l'agent consulaire d'Amérique, M. Griswold, représentant à Chang-haï de la grande maison de commerce Russell et Ce, l'apprenant par la proclamation de Lin, l'intendant militaire des départements de Sou-tchéou, Soung kiang et Taï-tsang, de la province du Kiang-sou (en date du 6 avril 1849), protesta par écrit contre cette prétention de notre consul d'obtenir une concession de terrain à part. M. Griswold, en recevant sa commission comme consul, six mois auparavant, avait en effet hissé le pavillon américain sur la maison qu'il habitait dans le terrain du consulat d'Angleterre, prétendant prouver par cet acte que les étrangers avaient le droit de s'établir là où il leur plaisait, et qu'on ne pouvait en aucune façon affecter telle partie du terrain chinois aux habitants d'une nation et telle autre à ceux d'un autre pays. Malgré les objections et représentations du consul d'Angleterre et du Tao-taï, il avait refusé d'amener son pavillon. Le *Chinese Repository*, sorte de revue anglo-américaine publiée à Canton, racontant cet incident, lui donnait aussi raison en ces termes : « The position taken by the U. S. A. Consul is against *the principle of exclusive privileges and exclusive rights*, one of the very worst features of chinese policy [1]. » Comme le dit un Anglais, M. H. Lang, dans une brochure sur Chang-haï, publiée en 1875 [2], le traité de Nankin ne parle nulle part de concessions à une nation quelconque, mais du droit qu'ont les particuliers de la nation signataire d'acquérir individuellement, et là où il leur plaît, des propriétés. L'intention première du capitaine Balfour avait bien été d'acheter au gouvernement chinois, au nom de Sa Majesté Britannique, un terrain de grandeur suffisante pour y établir un *foreign settlement*, que l'on

[1] *Chinese repository*, t. XVIII, 1849, p. 332-333, cité par H. Cordier.

[2] *Shang-hai considered socially*, a lecture by H. Lang, 2e édition, Chang-hai, 1875, p. 26-28.

aurait pu ensuite revendre par lots aux étrangers. « Mais, par une chance heureuse, comme je ne puis m'empêcher de le penser, le Tao-taï refusa d'acquiescer à cette proposition, prétendant que les étrangers devaient traiter directement avec les propriétaires actuels. » C'est, en effet, ce qui se fit jusqu'en 1846, et l'on sait chez nos voisins au prix de quelles difficultés. A la vérité, le Tao-taï avait décrété que toute demande d'achat de terrain, de même que toute communication de la part des étrangers, devait lui être transmise par le canal du consul d'Angleterre, qui devait aussi nommer le comité des locataires de terrains chargé d'entretenir les routes et les jetées. Naturellement, les non-Anglais refusèrent d'adhérer à ces règlements, c'est ce qui explique la position prise par M. de Montigny et par M. Griswold.

Ce ne fut qu'en 1854 que les droits de toutes les nationalités furent officiellement reconnus et que les règlements de terrains furent sanctionnés par toutes les puissances ayant alors un traité avec la Chine. Un conseil municipal devait être nommé à l'élection par les locataires de terrains, à quelque nationalité qu'ils appartinssent, et les propriétés étrangères devaient être enregistrées à la chancellerie du consul représentant la nation de l'acheteur. C'est ce qui explique que les avis de réunion des contribuables sont encore signés à l'heure actuelle par tous les consuls.

M. de Montigny, sans se laisser décourager par les protestations de ses collègues d'Amérique et d'Angleterre, n'en continua pas moins ses négociations avec les autorités chinoises. La proclamation de celles-ci nous apprend qu'il a eu gain de cause et obtenu la concession tant désirée. Vu l'importance de ce document, nous en citerons les parties essentielles :

« Proclamation par *Lin*, sept fois enregistré pour actes méritoires, promu de trois degrés et nommé, par décret impérial, intendant militaire des départements de Sou-tchéou, Soung-Kiang et Taï-tsang dans la province du Kiang-sou.

« Attendu que la nation française jouit de la liberté du commerce à Chang-haï et attendu que moi, l'intendant, j'ai reçu récemment du consul, C. de Montigny, une communication à l'effet suivant. » Il rappelle qu'en 1844 le commissaire impérial et gouverneur général des deux Kouang, Ki-ying, a signé, avec le commissaire impérial et plénipotentiaire de Lagrené, un traité, approuvé par l'Empereur, permettant aux Français, venant résider dans un des cinq ports, qu'ils soient peu ou en nombre, de louer des maisons et des factories et aussi des terrains sur lesquels ils pourront construire : maisons, factories, églises, hôpitaux, dispensaires, collèges et cimetières, etc... « Les Français n'ayant pas encore, comme les autres nations (possédant des traités avec les Chinois), loué des terrains à Chang-haï, il convient que nous nous réunissions pour délibérer sur ce sujet :

« En conséquence, sur le reçu de la communication susdite, moi, l'intendant, je me suis rencontré immédiatement avec le consul français, M. de Montigny, à l'effet de conférer avec lui sur cette affaire; un terrain a été accordé en dehors de la porte nord de la cité. Il est limité comme suit : au sud, le canal qui longe les murs de la ville; au nord, la crique de *Yang-king-pang;* à l'ouest, du temple du dieu de la guerre (*Kouan-ti-miao*) et pont de la famille Tchou (*Tchou-kia-kiao*); à l'est, de la guilde de Canton en suivant les bords de la rivière (*Houang-pou*) jusqu'au bout oriental de la crique de *Yang-king-pang*[1]. On devra désigner ces limites par des pierres. Il a été de plus décidé que si, dans l'avenir, le terrain précité était trouvé insuffisant, on pourrait tenir de nouveaux conciliabules, afin de pourvoir aux nouvelles exigences qui peuvent survenir de temps à autre. En ce qui concerne le terrain actuellement délimité, le consul français veillera à ce que ses compatriotes ne fassent pas baisser les prix au-dessous de ce qui est convenable. Si, d'autre part, les Chinois, contrairement aux clauses du traité, exigeaient des prix au-dessus des cours locaux, le consul devrait se plaindre aux autorités chinoises locales, pour qu'elles puissent forcer leurs nationaux à se conformer aux articles du traité. Si des personnes d'une autre nationalité désiraient louer ou construire dans les limites ci-dessus établies, elles devront s'adresser au consul de France qui en délibérera et agira pour leur compte. Proclamation spéciale faite à Chang-haï le 13 décembre 1849. »

Comme on le voit par ce document officiel, les Anglais, les Américains et les Allemands en Chine sont aujourd'hui bien mal inspirés quand ils reprennent la thèse de l'ancien agent consulaire des Etats-Unis, pour protester contre l'agrandissement de la concession française, prévu il y a déjà cinquante ans et accepté en principe dès cette époque.

[1] Le texte officiel français porte : à l'Ouest, le rivulet désigné sous le nom de *Kouan-ti-miao* jusqu'au pont de *Tchou-Kia-Tchau*; à l'Est en commençant au temple de Canton et en suivant les bords de la rivière jusqu'au bout occidental de la crique de *Yang-king-pang*. Or, nous sommes sûrs de notre traduction, contrôlée d'ailleurs par le savant sinologue P.-H. Havret, S. J., et faite sur le texte officiel chinois. Le texte officiel anglais est encore moins exact, il y a une lacune pour la limite sud et il cite les deux caractères *Yuen-ho* (en suivant les bords du fleuve) comme un nom propre sans les traduire. A.-A. F.

II

Les terrains accordés à M. de Montigny, par les autorités chinoises, étaient couverts de mauvaises maisons, de tombes et de dépôts d'immondices. On ne prévoyait guère, en 1849, qu'ils seraient déblayés d'une façon assez originale. En 1853, une société secrète chinoise, dite de la Triade (*San-ho houei*), ou des Hommes à court glaive (*Siao-tao houei*), prétendant être alliée avec les fameux rebelles Taï-ping, s'empara de la ville chinoise. Les Français, seuls de tous les étrangers à Chang-haï, offrirent leur concours aux troupes impériales pour combattre l'insurrection et reconquérir la cité, se servant, dans ce but, des troupes qu'on avait envoyées de France pour les protéger eux-mêmes. Pendant la lutte, en 1855, un incendie se déclara dans les faubourgs du nord et de l'est, détruisant 1500 maisons entre le Yang-king-pang, le mur de la ville et le Houang-pou jusqu'à Toung-ka-dou au sud. Les travaux d'attaque ayant nécessité d'ailleurs la destruction des maisons de ce même faubourg, entre la porte du nord et le temple de l'association des gens de Ning-po, à l'ouest, le terrain de la concession se trouva nettoyé. Les rebelles vaincus, les autorités chinoises reconnurent les services des Français en augmentant leur concession d'une longueur d'environ 1 mille vers le sud, entre les murs de la ville et la rivière, jusqu'à la petite porte de l'est. C'est à cette époque qu'on laissa les gens de Ning-po établir sur les terrains vides de l'ouest leur maison de réunion et leur cimetière, établissement connu sous le nom de pagode de Ning-po.

L'année suivante, les droits des autres nationalités furent expressément reconnus, les règlements territoriaux (*Land Regulations*) furent sanctionnés par toutes les puissances ayant un traité avec la Chine. On créa un conseil municipal commun aux trois concessions, car, entre temps, les Américains avaient obtenu un *settlement* à part au nord de la crique de Sou-tcheou. Les membres du conseil devaient être nommés par tous les propriétaires fonciers, sans distinction de nationalité; quant à leurs terrains, ils seraient désormais enregistrés à la chancellerie des consulats auxquels ressortissaient les possesseurs. C'est pour cette raison que les convocations aux assemblées dudit conseil municipal étaient signées par tous les consuls résidant à Chang-haï.

En 1861, les concessions étrangères servirent de refuge à une multitude de Chinois chassés des environs par les Taï-ping. Ils s'établirent sur les terrains inoccupés de la concession française et y enterrèrent de nombreux cadavres.

L'année 1862 vit les Français se retirer du conseil municipal commun des *settlements* pour former un conseil spécial de la concession française. Les propriétaires étrangers résidant sur cette concession étaient éligibles, comme ils le sont encore aujourd'hui, à ce conseil municipal français. Cette scission fut complétée en 1866, par la promulgation d'une série de règlements érigeant de fait la concession en territoire français. Le représentant du pouvoir impérial, qui était alors un consul général, fut investi par l'empereur Napoléon III de droits souverains que le *Times* qualifie même de vice-impériaux [1]. Elisée Reclus, dont on connaît d'ailleurs les tendances révolutionnaires, y fait allusion quand il dit, en parlant de la concession britannique : « C'est là aussi que se sont établis la plupart des résidents français qui fuient le voisinage des bruyants quartiers de la vieille ville ou qui veulent échapper au pouvoir discrétionnaire de leur consul armé de droits presque dictatoriaux [2]. » Il pensait sans doute, en écrivant ces lignes, à la fameuse décision du consul général Brenier de Montmorand faisant mettre sous les verrous de la prison tout le conseil municipal français jusqu'à ce qu'il eût accepté les règlements qu'il venait de décréter et que les conseillers refusaient de signer.

Quoi qu'il en soit du titre et des règlements, il n'en est pas moins vrai que, somme toute, la France n'est pas propriétaire du terrain de sa concession, sans quoi ce serait une colonie. Ce n'est pas non plus un protectorat. De même que les *settlements* anglais et américain, le terrain de la concession française est propriété du gouvernement chinois, auquel on paye annuellement un impôt terrien de 1500 sapèques par *meou* [3]. Ces terrains sont seulement loués aux puissances étrangères, par bail emphytéotique [4]. C'est ce qui explique pourquoi les prétentions émises, en 1845, par le consul d'Angleterre, puis, en 1849, par le consul de France, de faire enregistrer les terrains dans ces deux consulats furent abandonnés devant la protestation du consul des États-Unis. Celui-ci fit remarquer avec raison qu'on proclamait ainsi un droit absolument inconsistant avec le fait que l'empereur de Chine reste propriétaire du sol.

La concession française, depuis 1866, s'est graduellement augmentée par des achats successifs de terrain, de façon qu'en 1895, elle s'étendait, à l'ouest, jusqu'à la pagode dite de Ning-po, à

[1] *Times* du 25 août 1898.

[2] *Nouvelle Géographie universelle*, par Elisée Reclus, vol. VII, p. 457.

[3] Soit environ un dollar et un quart (1,25 dollar).

[4] Le terme chinois *Yong-tsou* signifie location perpétuelle. (Voy. *Notions techniques sur la propriété en Chine*, par le P. Pierre Hoang. Chang-hai, 1897.)

1 kilomètre 1/2 du Houang-pou. Comme la concession anglaise, elle s'est aussi étendue du côté du fleuve par les alluvions[1]. Le gouvernement chinois a prétendu s'emparer de ces terrains conquis sur le Houang-pou, en se basant sur le code de l'Empire. On lui a montré que les lois autorisaient les riverains à acquérir lesdits terrains à condition de payer l'impôt sur ces terres nouvelles, et c'est ce qui fut fait. Les terrains furent mesurés et le payement de la dîme en assura l'usufruit aux étrangers.

Sur notre concession, quelques propriétaires désespérèrent d'obtenir gain de cause. Mal soutenus par le consul, M. G. Lemaire, effrayé d'avoir à expulser des locataires chinois au moment des hostilités entre la France et la Chine (en 1884), influencés par un autre consul qui leur offrait des avantages d'argent s'ils voulaient vendre leurs terrains d'accroissement à la Compagnie de navigation à vapeur chinoise, *Tchao-Chang-Kiu* ou « China Merchants Steam Navigation C° », dont Li Hong-tchang est le principal actionnaire, ils se laissèrent tenter et vendirent les terrains sur lesquels on avait bien inconsidérément laissé ladite Compagnie élever des magasins et des quais. C'est ainsi qu'une partie de la concession française est malheureusement redevenue la propriété des Chinois et qu'on a créé un précédent d'autant plus regrettable qu'il milite précisément contre la prétention renouvelée en 1898 par M. le consul général Servan de Bezaure, d'obliger les acheteurs de terrains à les faire enregistrer au consulat de France. La valeur totale des terrains de la concession française (54 hectares) est estimée, en 1895, à la somme de 3,309,684 taëls d'argent. Le montant des impôts sur les maisons étrangères est de 65,000 taëls et sur les maisons chinoises de la concession de 405,000 taëls, le taël valant, à cette époque, 3 fr. 50 environ ; il est, en janvier 1899, de 3 fr. 79.

Comme il n'existait plus de terrains disponibles et que la population continue toujours à augmenter dans notre concession comme dans les autres, on songea, dès 1897, à demander une augmentation de concessions d'autant plus nécessaire que la valeur des terrains y a pris des proportions exorbitantes. C'est ainsi que le *meou* acheté au début 50 dollars (ou 250 fr.), soit le double de ce qu'il était payé alors par les Chinois, a, dans certains cas, été vendu dernièrement de 10,000 à 16,000 dollars[2].

Mais n'anticipons pas sur les événements et revenons à l'histoire de notre concession.

[1] Le Houang-pou qui, en 1860, avait 1800 pieds de largeur, n'en possédait plus que 1200 en 1880.

[2] Cf. *Chronicle and Directory for China, Japan*, etc., 1897, article « Shang-haï ».

Le conseil municipal de la concession française, élu en 1873, voulut créer de nouvelles rues dans la partie ouest et assainir aussi ce quartier en obtenant des membres de la communauté de Ning-po le passage sur un cimetière attenant à la maison de réunion de cette guilde connue chez nous sous le nom de pagode de Ning-po et de Ning-po Joss-house chez nos voisins. Ces deux noms sont incorrects, car l'édifice en question n'est, en réalité, qu'un club (*houei*) ou maison de réunion des gens de Ning-po habitant à Chang-haï; le titre chinois est *Sze-ming-kong-so*[1].

Le 27 janvier 1874, les administrateurs de la pagode demandent au conseil municipal, par voie de supplique, de suspendre l'exécution des travaux. Le conseil ayant cru devoir offrir sa démission quelques jours après à M. le consul général Godeaux, la réponse fut différée. Le nouveau conseil reçut une seconde supplique, transmise par le consul le 24 mars 1874. Elle établissait que le cimetière attenant à la pagode était destiné à recevoir les cercueils des gens de Ning-po décédés à Chang-haï sans avoir laissé de quoi subvenir aux frais de transport de leurs restes mortels dans leur pays natal. Les murs ayant été démolis par les soldats anglais, à l'époque de la rébellion et le manque de fonds n'ayant pas permis de les reconstruire, les limites du cimetière étaient simplement marquées par des bornes.

Les signataires de la pétition prient le consul d'empêcher l'ouverture de rues sur ce terrain, pour leur épargner le désagrément de faire exécuter des exhumations nombreuses et difficiles, vu l'état de vétusté des tombes. D'un autre côté, ce serait manquer de respect aux morts et troubler leur repos que de faire passer sur leurs tombes des chevaux, voitures et piétons. D'ailleurs, « les ambassadeurs de France, à la demande de MM. les Consuls généraux, vos prédécesseurs, ont, à plusieurs reprises, déclaré qu'il ne serait jamais touché aux terrains dont il s'agit; cette propriété a même été exemptée de l'impôt foncier par M. Brenier de Montmorand, et un titre, à cet effet, a été délivré par le conseil d'administration municipale ». Dans la première pétition, ils prétendaient même que le droit de passage finissait aux limites de la concession et que les propriétaires avaient le droit d'intercepter la route. C'était la reprise de nos terrains par les Chinois.

Le conseil, dans sa séance du 7 avril 1874, ne crut pas devoir faire droit à ces réclamations, parce que l'ouverture des rues datait

[1] A partir de cette date, nos documents sont empruntés au journal français de Chang-hai, l'*Echo de Chine*, 2e année, 1898, commençant avec le n° 312, du 22 juillet 1898.

déjà de 1863, le tracé en ayant toujours figuré depuis tant sur les plans que sur le terrain même. Il fit savoir au consul, le 17 avril, qu'il n'y avait pas lieu d'accueillir la demande des administrateurs de la pagode. Il propose d'aider à l'exhumation des cercueils et en fait l'offre aux Chinois de Ning-po. Le consul général, craignant des conflits, écrit au conseil, le 28 avril, pour l'engager à suspendre les travaux de voirie à travers le cimetière, et il donne des ordres à la police dans ce sens. Il fait des recherches dans ses archives, mais n'y trouve aucun titre de propriété ou autre constatant les droits des gens de la pagode. Cependant, il demande au conseil de se réunir en vue d'adopter un nouveau tracé pour les rues projetées.

Entre temps, les Chinois avaient, en effet, adressé une nouvelle pétition (le 28 avril), accompagnée de deux copies des documents qu'on avait cherchés en vain au consulat. La première établissait que, en avril 1862, M. le consul de France Edan avait annoncé verbalement aux administrateurs de la pagode de Ning-po qu'en réponse à sa dépêche à l'ambassadeur, ce dernier lui avait écrit qu'il accordait l'autorisation de considérer le terrain du Sze-ming-koung-so comme définitivement sacré et qu'on n'y apporterait ni atteinte ni trouble. La seconde copie était un certificat du président du conseil municipal, en date du 31 mars 1868, affranchissant le cimetière de tous impôts aussi longtemps qu'il garderait son caractère sacré.

Le président du conseil, ému par ces communications, fixa, au lundi 4 mai 1874, une entrevue personnelle avec plusieurs membres influents de la corporation de Ning-po. Il comptait montrer aux Chinois que l'on avait déjà exproprié le cimetière des gens du Fo-kien sans difficulté (vers 1862). En effet, « par suite du traité français de 1860 avec la Chine, tout le territoire de la concession avait été cédé au gouvernement français, ce qui expropriait forcément tous les possesseurs originaires du terrain. Par suite de ce traité, les terrains du *Weïkwé* ou pagode de Ning-po, étaient devenus la propriété exclusive d'un seul étranger, M. Victor Edan, par acte de cession du 12 décembre 1861 consentie par la corporation de Ning-po, pour les terrains et cimetières sis tant à l'intérieur qu'à l'extérieur de la concession. Le 16 septembre 1863, M. Edan, consul de France à Tien-tsin, transmit à M. Mauboussin, consul général à Chang-haï, une lettre par laquelle son frère, M. Victor Edan, renonçait à tous ses droits de propriétaire sur les terrains du Weïkwé de Ning-po, en déclarant qu'il n'avait pas payé la somme stipulée dans l'acte primitif[1]. M. Mauboussin ne voulut

[1] Le montant des impôts [illegible] que la somme stipulée dans l'acte primitif d'achat n'avait été acquittée par M. Edan, il se montait à la somme

pas toutefois reconnaître, comme propriétaire desdits terrains, la corporation de Ning-po, par la raison peu connue du public qu'aucun sujet chinois ne peut, aux yeux de l'autorité française, être nommé légalement propriétaire foncier sur la concession ». Les terrains étaient donc bien, suivant le conseil municipal, devenus propriété du gouvernement français. Entre le 12 décembre 1861 et le 16 septembre 1863, ils avaient été aussi grevés de charges et servitudes telles que prestation extraordinaire pour les travaux de nivellement, impôt foncier ordinaire et droit de la communauté sur les rues de Palikao, de Ning-po et de Saïgon (qui les traversaient). Voilà, en quelques mots, ce que le président du conseil voulait expliquer aux pétitionnaires.

Les charges, il est vrai, n'avaient pas été reconnues sans contestation, si l'on en juge par les extraits du registre des délibérations du conseil (séance du 29 juillet 1864) et par les archives du consulat. Les Chinois payèrent cependant 1,000 taëls (sur 1,022 réclamés) pour frais de nivellement en 1865. Les autres charges ne furent acquittées après reconnaissance qu'en 1868. Une seule réclamation fut alors admise : c'est qu'à l'avenir la pagode de Ning-po serait exemptée du payement de l'impôt foncier à titre d'établissement religieux. Quant aux servitudes, elles ne furent mises en doute par la corporation de la pagode qu'en janvier 1874. Or elles étaient établies sur le plan dressé, dès 1863, par l'agent-voyer Lagacé, commis par le consulat général pour relever les bornes enlevées par les Béloutchis pendant l'occupation militaire de la propriété de M. Victor Edan. Une supplique de la corporation transmise, par M. Edan, consul de Tien-tsin, à M. Mauboussin, en même temps que la lettre d'abandon de M. Victor Edan, et demandant qu'on voulût bien reconnaître la corporation de Ning-po comme propriétaire foncière au lieu et place dudit V. Edan, a bien été retrouvée au consulat, mais elle n'a pas été envoyée à la légation, et il n'a été trouvé aucune trace de correspondance avec celle-ci au sujet du Weïkwé de Ning-po. Il n'existe donc aucun titre légal de propriété en faveur de ladite corporation. Ajoutons, pour être complet, que de nombreuses brouettes chinoises sillonnaient journellement, entre 1863 et 1874, les terrains de la pagode, ce qui n'offusquait plus les sentiments religieux des administrateurs chinois.

assez ronde de 1,355.50 dollars. C'est ce qui explique pourquoi il préféra renoncer à la propriété.

III

Telle était la situation en janvier 1874. Le conseil municipal, se basant sur le traité de 1860, qui avait exproprié les possesseurs originaires du terrain de la concession, et ayant rejeté les pétitions des gens de Ning-po, avait commencé à faire quelques petits travaux de voirie sur les terrains en litige. On était d'autant plus tranquille que, en décembre 1873, les gens de Ning-po avaient été autorisés à enlever les tombes et cercueils sur ce terrain. Le consul, sentant venir une opposition aux travaux, avait demandé qu'on les arrêtât, ainsi que nous l'avons déjà dit, et il avait convoqué le conseil pour le 7 mai, afin de délibérer sur la question. Or, le 3 mai, les Chinois, surexcités sans doute par les gens de Ning-po, attaquent un garde de police du conseil municipal à une heure de l'après-midi.

C'était le signal de l'émeute. On fit rentrer à l'hôtel municipal tous les gardes de police, sur l'ordre du consul. La foule des émeutiers se trouva, par suite, maîtresse dans la partie ouest de la concession. Elle attaqua et blessa plusieurs étrangers, entre autres trois matelots du *Tigre*, vapeur des Messageries impériales. Puis elle mit le feu à la maison d'un agent-voyer, M. Percebois, qui demanda en vain du secours à la garde municipale. Celle-ci ne put le défendre, vu les ordres sévères du consul général, M. Godeaux, lui ordonnant de rester à l'hôtel municipal[1]. Elle dut cependant aller éteindre l'incendie, qui menaçait de détruire la concession, mais un nouvel ordre du consul la força à rentrer dans ses quartiers. L'insurrection gagnant du terrain, M. Godeaux, effrayé, consentit à laisser débarquer les matelots de la canonnière la *Couleuvre* et du paquebot le *Tigre*, vers le soir. On courut aussi demander du secours au commandant du corps des volontaires anglais. Il était temps, car la foule commençait à attaquer l'hôtel municipal.

A ce moment arriva un détachement de matelots américains accompagné d'une mitrailleuse et du drapeau national. Devant ce déploiement de forces, la foule des émeutiers se retira, vers

[1] On se moqua beaucoup alors de la timidité de M. Godeaux, et surtout de celle de M. G. Lemaire, qui s'était réfugié sur la concession américaine. Un de nos amis, né malin, fit distribuer de petits papiers (dits *Express*), rédigés en anglais, où l'on plaisantait agréablement sur le chapeau haute-forme du premier, perdu, disait-on, entre la pagode de Ning-po et le consulat, et sur la fuite de *La mère et Cie*, qu'on pouvait retrouver sur l'*Ashuelot*, la canonnière américaine.

dix heures, mais non sans que neuf à dix Chinois fussent restés sur le terrain, on ne sait trop comment, car les ordres de tirer ne furent pas donnés aux forces européennes. Des troupes chinoises arrivaient un peu plus tard, alors que tout était fini. Il est certain que si le consul général ne s'était pas montré si pusillanime et avait autorisé la police à se servir de ses fusils dès le début, la révolte eût été arrêtée aussitôt. Les Chinois crurent qu'on avait peur d'eux et s'enhardirent jusqu'à démolir les grilles de la municipalité.

La conséquence de cette échauffourée fut qu'on abandonna tout projet de rue sur les terrains de la pagode et que le consul autorisa ses administrateurs à les entourer d'un mur. Mais, comme le dit l'*Écho de Chine*, « M. Godeaux, en cédant devant les menaces des Ningponais, n'a engagé et ne pouvait engager que lui-même. Il ressort, du reste, jusqu'à l'évidence, de la correspondance qui nous reste des affaires de 1874 qu'il a simplement renoncé à ouvrir une route sur les terrains occupés par la pagode et qu'il a permis aux gens de cette pagode de clore leurs soi-disant terrains. »

« Le document, signé par M. Godeaux, ne reconnaît aucun droit permanent à la guilde de Ningpo ; il reconnaît l'état de choses jusqu'au jour où la question pourra être élucidée. En 1876, M. de Rochechouart, chargé d'affaires à Pékin, accompagna M. Voisin, président du conseil municipal français à Nankin, pour y discuter cette affaire. Elle resta pendante jusqu'en 1898. »

IV

A cette époque, le conseil municipal, énergiquement soutenu par le consul général, M. Servan de Bezaure, résolut de reprendre les terrains en litige, dont il avait grand besoin pour l'agrandissement de la concession, devenue insuffisante, et supprimer pour cause d'insalubrité les fosses d'eau croupissante qui s'y trouvaient[1].

Pour éviter toute nouvelle difficulté, on invita, dès le 23 mai, les administrateurs de la pagode à produire au consulat tous les titres de propriété qu'ils pouvaient posséder, et on leur offrit d'acheter le terrain en cas où ils auraient pu prouver qu'ils en étaient propriétaires. On alla jusqu'à déposer en banque la valeur

[1] On voulait construire sur ces terrains : une école pour l'enseignement des jeunes Chinois, un hôpital pour les Chinois pauvres, un abattoir reconnu nécessaire pour approvisionner de viande saine les habitants de Chang-hai et on en avait informé, le 1er juillet, le représentant principal de l'association dite de la pagode de Ning-po.

du terrain, 41,375 taëls, pour bien indiquer aux Chinois l'intention qu'on avait de les désintéresser de leurs droits s'ils pouvaient en produire les titres. Les administrateurs de la pagode n'ayant pu faire la preuve qu'ils étaient propriétaires (ils avaient répondu, dix jours après, qu'ils ne possédaient pas de titres, ce dont on était, d'ailleurs, parfaitement sûr), on s'adressa au seul propriétaire légal de tout terrain pour lequel on ne peut produire de titres de propriété, à savoir : au gouvernement chinois, représenté par le Tao-taï de Chang haï, S. E. Tsaï. Celui-ci hésite, recule, joue une double comédie, et le 16 juillet 1898, au matin, les autorités municipales, suffisamment éclairées, font acte légal de propriétaires en ouvrant trois brèches dans le mur d'enclos du terrain de la pagode de Ning-po. Comme on craignait une répétition des troubles de 1874, on avait pris, cette fois, des précautions spéciales. Une compagnie de débarquement, avec une pièce de campagne, avait été envoyée par le commandant Texier, de la canonnière l'*Eclaireur*, qui s'était entendu préalablement avec le consul général.

A six heures sonnant, le commandant Texier, franchissant la brèche avec M. Claudel, consul de France, M. de Malherbe, secrétaire du conseil municipal, prenait possession du terrain abandonné depuis trente ans et converti en un dépôt d'immondices de toutes sortes. La foule ne tarde pas à s'amasser et devient si menaçante que les marins de garde sont obligés de la charger à la baïonnette pour dégager quelques Européens qu'elle venait d'attaquer. Ils tuent deux Chinois et en blessent quelques autres. A huit heures, on convoque la compagnie française des volontaires, que l'on emploie à faire des patrouilles. Les Chinois attaquent deux maisons européennes : celles de MM. Houlgate et Meudre. Ils détruisent le mur de clôture de la première et pillent la seconde. Les patrouilles sont accueillies à coups de pierres et de briques. Le soir, on casse les lampes et l'on coupe les fils électriques du quartier de l'ouest; puis tout se calme vers onze heures. Le consulat général est gardé par un détachement de matelots du courrier des Messageries maritimes, l'*Océanien*, et par des pompiers.

Le lendemain 17 : à sept heures du matin, juste au moment où M. de Bezaure venait de passer à cheval la revue de différents postes, l'émeute reprenait de plus belle, et le poste de l'est était attaqué par une foule armée de piques et de bambous. Elle brisait toutes les fenêtres à coups de pierre. Le sergent Lejoncour commanda alors à ses hommes, dont quelques-uns venaient d'être blessés, de tirer sur les assaillants avec leurs revolvers; quatre ou cinq Chinois tombèrent et furent emportés par leurs camarades qui prirent la fuite. A ce moment, le commandant Texier arrivait avec ses marins qu'il installa à la tête du nouveau poste qui doit relier le quartier de Toung-ka-dou au quai français. La pièce d'artillerie fut mise en batterie. Les insurgés étant revenus à la charge et faisant pleuvoir des pierres sur les matelots, ceux-ci répondirent par une volée de leurs fusils, et non par un coup de canon à mitraille, comme on l'a d'abord écrit. On ramasse les morts et les blessés abandonnés sur le terrain par la foule qui bat en retraite. Il était neuf heures. Presque au même moment, sur le quai de la Brèche, près de la pagode, les émeutiers entrent en collision avec les volontaires, qui ne peuvent se dégager qu'après avoir fait usage de leurs fusils, tué quatre hommes et blessé un plus grand nombre. La simultanéité de ces attaques en plusieurs endroits prouve qu'on était en présence d'un vrai complot bien combiné. On organise des patrouilles qui relèvent encore deux morts, et l'on apprend que les Chinois en ont emporté quelques-uns. En tout, on compta une vingtaine de morts pour quelques coups de fusil seulement. Il est vrai que nos marins avaient des Lebel dont les balles traversèrent, dit-on, jusqu'à quatre et cinq hommes. Deux barricades sont organisées avec des balles de coton rue de Toung-ka-dou en plus de celle du quai armée avec la pièce de campagne. La chaloupe à vapeur de l'*Eclaireur* avec un canon revolver se tient prête à balayer les quais. L'enseigne de vaisseau Luciani commande le poste de l'est; M. Bernard, aspirant, celui de l'ouest; tandis que le commandant Texier a son quartier général au consulat. A 2 h. 35 arrive un renfort de 150 hommes envoyés par le navire de guerre italien, le *Marco Polo*. Les autorités chinoises s'émeuvent enfin, et, à 2 h. 45, le sous-préfet (*Tche-hsien*) vient au consulat de France promettre à M. de Bezaure qu'il va faire son possible pour rétablir l'ordre. A 3 heures, les gens de Ning-po ouvrent les négociations avec le consul général pendant que les volontaires anglais prévenus se disposent à intervenir, si cela devient nécessaire, et vont faire une manifestation sur le champ de courses. On fait aussi porter des fusils (15) aux Pères Jésuites, à Zi-ka-weï pour leur permettre de se défendre en cas d'attaque. A 9 heures du soir, le Tche-hsien revient au consulat donner sa parole que la nuit se passerait sans troubles, et que les boutiques ouvriraient toutes le lendemain (18) à midi.

La journée du 19 est calme et se passe en négociations. Celles-ci continuent du 20 au 29, sans que rien transpire des résultats. C'est que S. Exc. Nieh a demandé le secret absolu. Pendant ce temps, l'*Echo de Chine* publie *in extenso* tous les documents officiels que fournissent les archives du conseil municipal et même du consulat touchant l'histoire de la concession et de la pagode de Ning-po. Nous en avons extrait, dans les pages ci-dessus, les parties les plus importantes et renvoyons le lecteur à la collection de ce journal pour plus amples renseignements. On y trouvera aussi une réponse bien documentée aux attaques de certains journaux anglais du Chang-haï britannique, entre autres à une longue consultation de l'avocat aux gages des Chinois, M. Drummond, parue dans le *North China Daily News* du 25 juillet. Celui-ci cherchait à prouver que le conseil municipal de la concession française et le consul général étaient dans leur tort, n'ayant pas le droit d'établir des routes là où ils le veulent. Le prétexte est que l'empereur de Chine est resté propriétaire du terrain. Le 30 juillet, l'*Echo de Chine* prouve, pièces en mains, qu'il se trompe. L'auteur de l'article, un avocat sans doute, signant *Lex*, établit les règlements organiques de la concession française pour tout ce qui touche l'exercice du droit de propriété, et les réserves ou servitudes qui sont formulées dans tous les titres de propriété délivrés aux premiers acquéreurs européens par le Tao-taï et le consul de France. Elles découlent du droit de concession territoriale stipulé par l'article XXII du traité de Whampoa (1844) et des termes de la convention de Chang-haï de 1849. L'exercice du droit de propriété sur la concession française est soumis à deux restrictions importantes : 1° il est interdit aux propriétaires européens de rétrocéder leurs terrains à des Chinois, à moins d'une autorisation spéciale rendue de concert par le consul et par le Tao-taï : 2° tous les actes de cession immobilière doivent être passés au consulat général de France (évidemment pour assurer la stricte exécution de la première condition). Le but est d'empêcher que le sol de la concession exproprié, à l'origine, au profit des Européens, ne retourne entre les mains des Chinois, ce qui serait l'abolition de la concession[1]. La définition exacte du terme concession française est donnée comme suit par ce légiste : « La concession française de Chang-haï est un démembrement du territoire chinois, opéré en exécution du traité de Whampoa, sur lequel la Chine a reconnu aux Français le droit exclusif d'être propriétaires du sol à perpétuité, et a abandonné à la France, soit expressément, soit *tacitement*, exercice de plusieurs droits de souveraineté, notamment : la police, l'administration (c'est-à-dire la gestion des intérêts collectifs de la population) et une certaine juridiction territoriale, en tant que celle-ci n'est pas contraire au statut personnel des indigènes et aux privilèges reconnus aux autres étrangers par la coutume internationale... La

[1] Cette précaution n'empêche pas que bon nombre d'Européens ne sont que des prête-noms de propriétaires chinois.

concession française, il ne faut pas l'oublier, a été donnée à la France, et à la France seule. Elle nous appartient doublement, par la foi du traité et par droit de conquête, car, en 1855, ce sont nos troupes qui l'ont reconquise sur les rebelles, et, à ce moment, il n'a tenu qu'à nous d'en faire purement et simplement un territoire français. Nous avons préféré conserver le *modus vivendi*, qui avait ses avantages et suffisait à sauvegarder notre indépendance. » Elle a même autorisé les étrangers à y posséder des immeubles, mais à la condition que les titres de propriété fussent enregistrés à la chancellerie de France, à peine de nullité. Il faut aussi que *toutes* les demandes d'appropriation des terrains soient soumises au Tao-taï par l'intermédiaire du consul de France, qui *seul* délivre les titres de propriété.

D'autre part, le règlement organique de la concession française a été arrêté entre les puissances représentées à Pékin en 1863. Il possède, par conséquent, le caractère d'une convention internationale.

Or, entre autres choses, il édicte ce qui suit :

Art. XIV. — Les contraventions aux règlements de voirie sont jugées par le consul général ou par un officier du consulat général. En cas de poursuites exercées pour retard du payement de l'impôt, le receveur municipal doit citer le contribuable devant le tribunal consulaire.

Art. XV. — Si l'individu poursuivi pour l'une des trois causes mentionnées n'est pas Français, et *qu'il récuse* la compétence des juges désignés dans cet article, il doit être renvoyé immédiatement devant ses juges naturels.

Art. XVI. — Par suite d'un accord intervenu sur la base d'une exacte réciprocité entre le consul général de France et les représentants des autres puissances, les mandats d'arrêt, jugements, ordonnances de saisie, etc., émanant d'un juge ou d'un tribunal étranger et destinés à recevoir leur exécution dans les limites de la concession française, devront, *au préalable*, sauf en cas d'extrême urgence, être présentés au consul général de France ou tout au moins au chef de la police municipale. Celui-ci pourra toujours faire accompagner, par un ou plusieurs agents placés sous ses ordres, le porteur du jugement ou du mandat, et il devra, s'il en est requis, lui prêter assistance.

La France a étendu à tous les étrangers le droit de posséder des immeubles sur sa concession s'ils en observent les règlements ; mais elle l'a fait bénévolement, sans y être obligée et dans la plénitude de ses droits souverains. Notons, en passant, que les règlements des *settlements* voisins anglo-américains ont été plusieurs fois soumis au ministre d'Angleterre à Pékin; mais malgré toutes les démarches des conseillers municipaux réunis, ils n'ont pas encore, à notre connaissance, reçu la sanction officielle du gouvernement anglais. Nous sommes donc beaucoup mieux armés qu'eux sur notre concession, et c'est ce qui explique en partie la jalousie et les attaques auxquelles nous sommes en butte de la part des étrangers à Chang-haï.

Malgré les tendances antifrançaises du grand journal anglais *the Times*, une lettre de son correspondant à Chang-haï, en date du 18 juillet 1898, parue dans son numéro du 25 août, explique bien la situation. « Les autorités françaises, dit-elle, ont toujours maintenu leur droit d'acquérir de force des terrains, prétendant que c'est là l'esprit sinon la lettre des traités. Dans le cas actuel, elles montrent plusieurs précédents où les Chinois ont cédé, ce qui justifie leur action. Bien que les règlements de 1863 reconnaissent le conseil municipal, il n'y a, en réalité, dans la concession française qu'une autorité, le consul de France... En résumé, l'action des autorités françaises, réclamant le droit d'appliquer des mesures sanitaires, telles que l'enlèvement des cercueils non enterrés dans les limites des terrains fixés pour la résidence des étrangers, doit être tenue comme parfaitement raisonnable; de plus, la nécessité de défendre les stations de police attaquées par une foule considérable et déterminée est aussi évidente. Le seul point qu'on puisse mettre en question dans les négociations diplomatiques et autres qui vont suivre est celui-ci : les autorités françaises ont-elles le droit, d'après leurs traités, d'exiger que les propriétaires chinois de la concession vendent leurs terrains, et de dire (comme elles le font) que les Chinois ne peuvent être reconnus comme propriétaires dans les limites de la concession française. Puis, supposant ce droit admis, il faudra encore montrer dans les négociations dont le trésorier provincial a été chargé au nom de la guilde (de Ning-po) que l'on a offert de payer les terrains comme cela est exigé par le traité. Sur ce point, on diffère d'opinion... » Nous avons vu par les documents précités que cette offre avait été faite, les objections du correspondant du *Times* tombent donc d'elles-mêmes, et la lettre en question est la meilleure réponse que nous puissions faire aux attaques de l'avocat des Chinois, M. Drummond, dans la lettre au *North China Daily News*, du 27 juillet.

Au commencement de septembre, les représentants de la pagode de Ning-po présentèrent au conseil municipal un document écrit en chinois qu'ils prétendent leur avoir été remis, en 1878, par M. le consul, G. Lemaire et qui leur accordait des privilèges que personne jusqu'ici, pas même la corporation intéressée, ne paraissait soupçonner. Aucune trace n'en fut trouvée au conseil municipal, mais on raconte que, recherches faites à la chancellerie du consulat, la minute en français, signée de M. Lemaire comme le document chinois, aurait été retrouvée. Le consul général actuel, M. de Bezaure, prétend, il est vrai, que ces faveurs consenties par un de ses prédécesseurs n'ayant pas été confirmées par le ministre de France à Pékin et encore moins par le gouvernement de la métropole, elles n'engageaient que M. Lemaire personnellement et non la France. L'affaire a été portée à cause de cela devant le Tsong-li-yamen à Pékin, où elle se traite avec le ministre de France.

Dans sa séance du 3 août, le conseil municipal traitant l'affaire de la pagode, on donne lecture du compte-rendu officiel de la séance du 12 août 1878. M. le ministre de France, qui assistait à cette séance, a fait connaître au conseil qu'ayant réussi à régler à Pékin l'affaire du 3 mai 1874, dite de la pagode de Ning-po, il était venu à Chang-haï pour recevoir et payer les indemnités que le Tao-taï devait lui verser à condition : 1° qu'on renonçât aux rues projetées ; 2° que la pagode et ses dépendances seraient exemptées de taxes municipales, ce qui fut fait. Le conseil avait, par contre, obtenu qu'on ne déposât plus de cadavres sur lesdits terrains. Or ces dépôts continuèrent à se faire et ne cessèrent qu'après le 6 janvier de cette année 1898, date à laquelle une ordonnance les interdisant formellement avait été promulguée par le consul général, M. Servan de Bezaure.

Notre consul ne pouvant rien obtenir du Tao-taï de Chang-haï se décida à aller traiter l'affaire à Nankin, auprès du vice-roi [1]. Il avait reçu d'un Chinois, haut placé, l'information officieuse que l'on pourrait s'entendre si l'on consacrait à des œuvres de charité, telles qu'école et hôpital pour les Chinois, les terrains de la pagode. Généreusement, il en fit l'offre au vice-roi, mais celui-ci déclara que personne n'avait jamais proposé cette application et il fit venir la personne même qui en avait parlé. Avec une bonne foi toute chinoise, elle nia formellement avoir tenu le propos au consul que l'on accusait ainsi de mensonge. Soutenu par le ministre de France à Pékin, M. S. Pichon, et appuyé par l'envoi d'une canonnière française à Nankin, M. de Bezaure demanda, à titre de réparation, pour les insultes faites au représentant de la France à Chang-haï, une augmentation assez considérable des terrains de la concession française. D'après nos correspondants de cette ville, qui ont puisé leurs informations aux meilleures sources, il demandait

[1] Vers la fin de novembre 1898.

d'étendre la concession sur tout le faubourg de l'est, dit du Toung-ka-dou jusqu'au réservoir des eaux, et à l'ouest sur les terrains entre la route de Zi-ka-weï et le mur de la ville (jusqu'à un point indéterminé). Il voulut aussi obtenir la concession des terrains de Pou-toung situés de l'autre côté du Houang-pou, directement en face de la concession et sur une profondeur dont nous n'avons pu trouver encore l'indication. On parla un instant de réunir Zi-ka-weï à la concession française. C'était beaucoup trop demander à notre avis. Les étrangers des concessions voisines et tout particulièrement les Anglais et les Américains, piqués de jalousie, se déclarèrent aussitôt contre nous et l'on envoya deux navires de guerre anglais à Nankin pour défendre le vice-roi en cas d'un ultimatum de la part de la France, dont il était alors question. Les Chinois ainsi soutenus par l'Angleterre, l'Amérique et l'Allemagne, dont les ministres protestaient à Pékin contre l'extension de la concession française, refusèrent catégoriquement toute cession à la France et notre consul dut rentrer à Chang-haï sans avoir rien obtenu. Pendant ce temps, nos voisins pour contrecarrer les démarches de nos autorités, faisaient eux-mêmes à la Chine une demande d'extension de leurs concessions respectives. C'est que l'Angleterre a, comme on le sait, émis la prétention que tout le bassin du Yang-tse-kiang appartient à sa zone d'influence ; elle seule a le droit d'y étendre ses concessions, et l'augmentation de la concession française serait une violation flagrante de ce droit qu'elle prétend reconnu par le gouvernement chinois. Les choses en sont là. Nous avons, en somme, reçu un nouveau camouflet, et la nation britannique, en appuyant actuellement la demande de l'Italie pour la concession de la baie de San-tuen et des environs, comme base navale, dans la province de Tché-kiang, tient sans doute à nous prouver qu'il vaut mieux être avec elle que contre elle. C'est, d'ailleurs, la théorie émise récemment par M. de Lanessan [1] et qui semble prouvée par les faits. Il est évident que l'alliance franco-russe, dont on était si enthousiaste, ne nous a servi à rien, du moins en Chine, et la possession de la baie de Kouan-tchéou-ouan, qu'on nous a laissé prendre, est loin d'être une compensation aux déboires de notre politique à Chang-haï, s'il faut en croire les documents publiés à ce sujet dans les *Questions diplomatiques et coloniales* [2].

[1] *Questions diplomatiques et coloniales*, 1er mars 1899.

[2] Aux dernières nouvelles datées de Chine, 14 février 1899, les Chinois refusent toute augmentation des concessions étrangères à Chang-haï, tant que les consuls étrangers ne seront pas d'accord pour demander une extension commune.

www.ingramcontent.com/pod-product-compliance
Ingram Content Group UK Ltd.
Pitfield, Milton Keynes, MK11 3LW, UK
UKHW020509230726
13925UKWH00005B/2128

9 782013 424226